公式ガイド&レシピ

きのう何食べた？

シロさんの簡単レシピ 2

contents

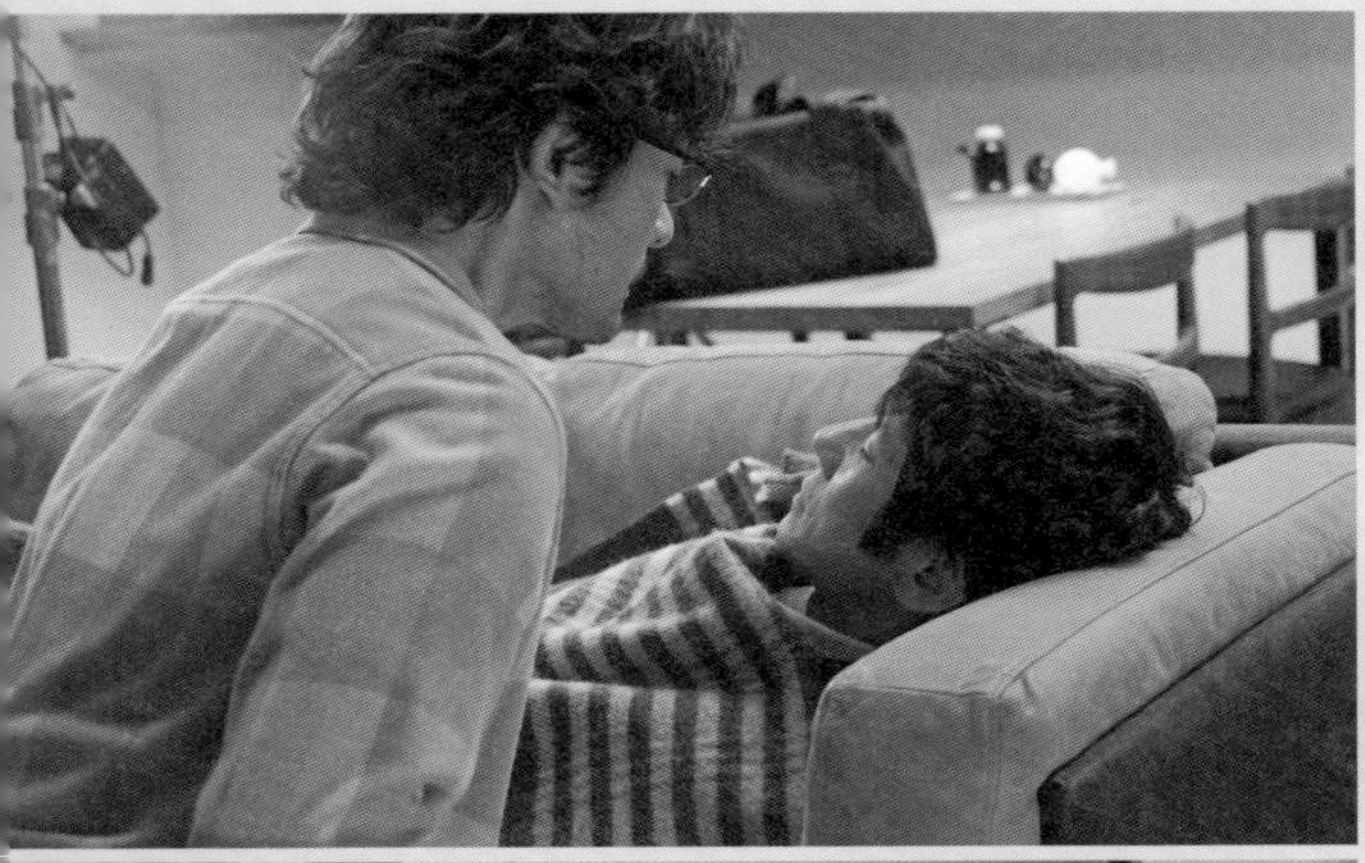

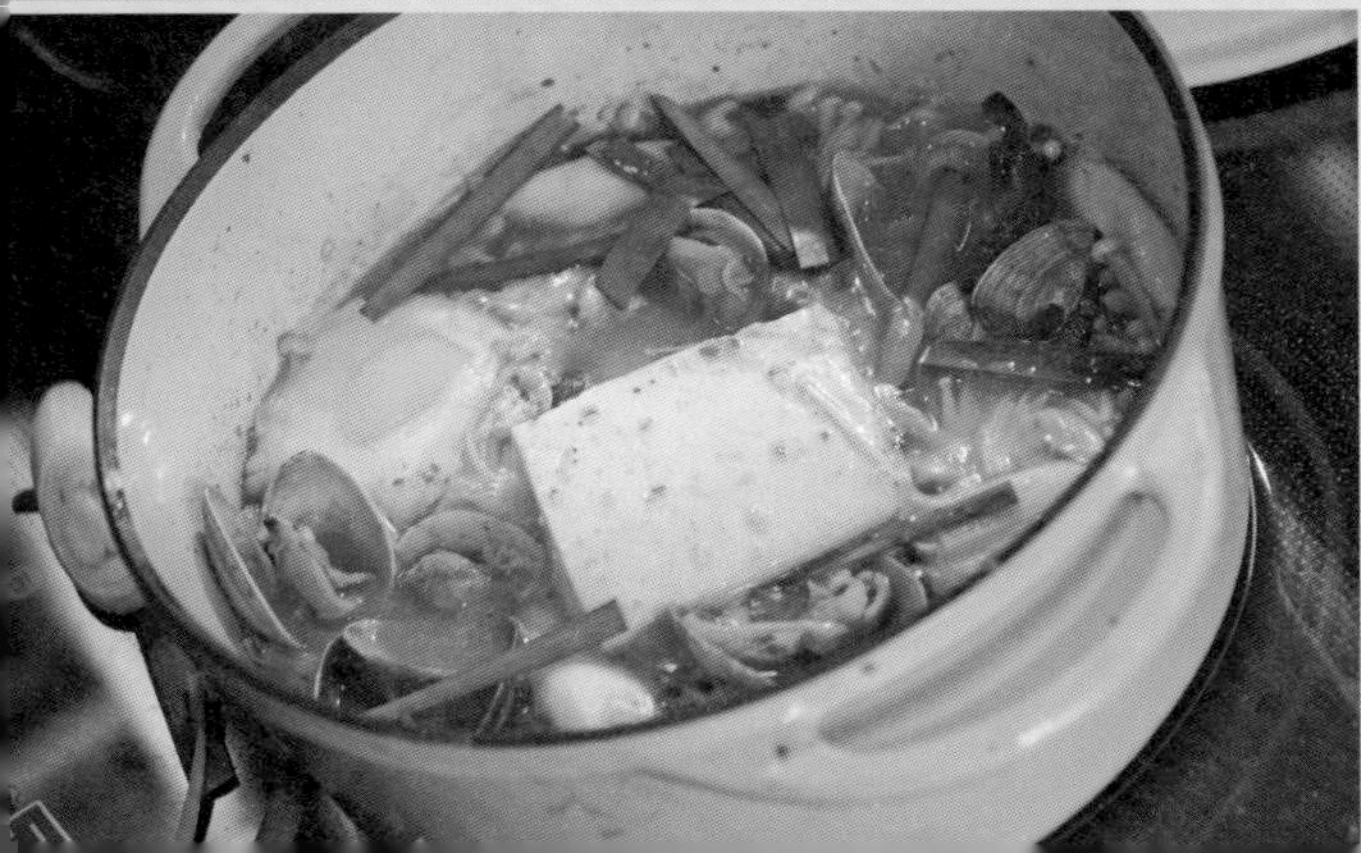

きのう何食べた？
正月スペシャル2020
StoryGuide

弁護士の筧史朗と、美容師の矢吹賢二。
2人が一緒に暮らし始めて、月日が経った。
初めの頃は何かにつけ、周りの目を
気にしていた史朗だったが、
賢二と過ごすうち、少しずつ心境が変化。
今では、素を隠すことなく付き合える
親しい友人もできた。

史朗の誕生日。
恋人の賢二からは素敵な傘をもらい、
実家の母からは、立派などんこが届く。
どちらも史朗のことを考えて
選んでくれた贈り物だ。
史朗からのお礼の言葉に
嬉しそうな表情を見せる賢二、
そして史朗の母だったが――。

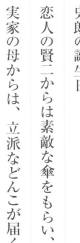

何かとワガママを言っては、恋人の小日向を振り回す航。
航は、史朗にベタ惚れしているのが丸わかりの
賢二の態度を、〝愛情の安売り〟だと言う。
賢二は、航のそんな言葉に怒ることもなく、
それが自分の愛情のかたちだからと微笑む。
賢二とのやりとりは、航にも響くものがあったよう。

きのう何食べた?
正月スペシャル2020
StoryGuide

空腹を覚えた航が、珍しく自ら
キッチンに立って作ったのはキムチチゲ。
仕事から帰ってきた小日向は、
自分の分もあると気づいて、大感激!
「おいしい!」と大喜びで食べる恋人の姿を見て
ほんのちょっぴり、嬉しそうな航。
これがこの2人なりの、愛のかたち。

仕事が立て込んできた史朗に代わって、
日々の買い出しや料理、
洗濯やアイロンがけなどの家事、
家計のやりくりなど
自分にできることを頑張る賢二。
しかし、史朗とはすれ違い生活が続き、
一緒に食事をする時間をまったく持てず、
賢二は寂しさを募らせるのだった。

沈みがちな気分を紛らわせるため、
食材を贅沢に使ったオムライスを作る賢二。
料理が出来上がり、食べようとしたその瞬間、
疲れ果てた史朗が帰宅！
史朗の「一緒に食おう」の一言で
久々に、2人向かい合っての食事。
温かい食事と優しい時間が、心に沁みる。

きのう何食べた？
正月スペシャル2020
StoryGuide

劇場版
きのう何食べた？
StoryGuide

賢二の誕生日プレゼントに、
2人での京都旅行を提案する史朗。
旅先で訪れるスポットや昼食の店、旅館まで全て
史朗のエスコートという夢のような状況に
浮かれまくる賢二。しかし、柄にもない史朗の言動に
何か裏があるのでは、と不安が膨らんでいく。

史朗は、忙しくなること
間違いなしの裁判員裁判を
修と共に担当することに。
一筋縄ではいかなさそうな案件に
史朗の表情も厳しくなる。
その頃、賢二も
最近入ったスタッフ、田渕の
配慮が感じられない物言いに
困惑していた。

ある日、小日向の冷蔵庫が壊れてしまい、
彼の家の食材を引き取ることになった史朗たち。
だが、大量すぎて筧家の冷蔵庫に収まりきらないため、
料理を作って一気に消費する作戦に出る。
強力な助っ人、佳代子のおかげで
高級食材を活かした、心躍る華やかなメニューが完成！
4人での楽しい夜は、あっという間に更けていく。

京都で賢二に打ち明けた話が
彼を傷つけたであろうことを
史朗はずっと気にしていたが、
お互いの気持ちを確かめ合い、新たな年を迎えた。
平穏を取り戻したかに思えた2人だったが、
最近、賢二の様子がなんだかおかしいと
違和感を抱く史朗。
ある日、見知らぬ青年と
連れ立って歩く賢二を目撃――!

劇場版
きのう何食べた?
StoryGuide

賢二とその青年の親しげな様子に、
史朗の胸はざわつき、苦しくなる。
まさか俺、嫉妬してる——⁉
モヤモヤが消えず、
料理する手も止まってしまう史朗。
そんな時、深刻な表情の小日向が
史朗の前に現れた。
ジルベールが家出——⁉
思わぬ事態に動揺している小日向。
もう、どこもかしこも問題ばかり。

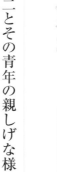

Character guide

物語を紡ぐ登場人物キャラクターガイド

『何食べ』の世界を彩るキャラクターたちは、それぞれ魅力的な個性の持ち主。
史朗や賢二との関係性が深まるにつれ、新たな表情も覗くように。
そんな変化を含めて、彼らの〝今〟の姿をわかりやすくご紹介。

料理の時間が何よりの癒やし！ 不器用なりに恋人を大切に思う イケメンでスマートな弁護士

筧 史朗

Kakei Shiro

西島秀俊

『上町弁護士事務所』で働く弁護士。仕事ぶりはいたって真面目で的確、依頼主とも真摯に向き合う。しかし仕事にやりがいは求めておらず、できるだけ定時で上がって帰宅したいと考えている。恋人の賢二と一緒に暮らしているのは、職場では内緒だ。

帰りにスーパーに寄って買い物をし、冷蔵庫にあるものと組み合わせて2人分の夕飯を作るのが、史朗にとっては癒やしのひととき。安い食材を用いて作る料理が得意で、献立はだいたいメイン1品に、副菜2～3品という構成。和食が多いが、中華や洋食、スイーツまでレパートリーは幅広い。休みの日は朝食も作るなど、料理は基本的に史朗の担当。

以前は賢二との関係がバレることを心配し、周囲に心を開かないところもあったが、今ではそういった部分も取り繕わずに付き合える友人もできた。

時々無神経な発言をして賢二をムッとさせることがあるが、彼をかけがえのない存在だと思っており、賢二の喜びそうなことにはなるべく付き合ったり、健康を気遣って料理を作ったりするなど、優しさを見せる。賢二からは「シロさん」と呼ばれている。

西島秀俊／にしじまひでとし

71年3月29日生まれ。東京都出身。94年『居酒屋ゆうれい』で映画初主演。その後もドラマや映画に多数出演。21年夏に公開された主演映画『ドライブ・マイ・カー』が、第74回カンヌ国際映画祭コンペティション部門に出品され全4冠を達成。最新主演ドラマ『真犯人フラグ』（日本テレビ）が放送中。

原作エピソードでみる意外な一面

小日向からのサプライズで、好きだった女優、三谷まみとご対面！ 大人の分別を発揮しポーカーフェイスで挨拶するが、内心はデレデレの史朗。そんな史朗を見て、賢二は不機嫌に。

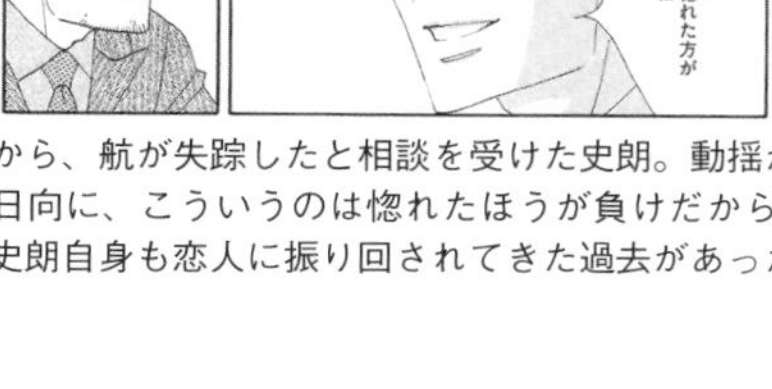

小日向から、航が失踪したと相談を受けた史朗。動揺が収まらない小日向に、こういうのは惚れたほうが負けだからと言う。実は、史朗自身も恋人に振り回されてきた過去があった。

Character guide #02

言動もハートも乙女そのもの 気配りと優しさで周りを温かく包み込む美容師

矢吹賢二

Yabuki Kenji

美容室『フォーム』で働く美容師。人当たりがよく、お客様の心に寄り添うきめ細やかな接客で、指名を受けることも多い。数年前から、史朗と一緒に暮らしている。以前は2人の関係についてオープンにしたがらない史朗に配慮し、連れ立って歩く時なども気を遣っていたが、最近は史朗のハードルが少し下がっていることを感じ、嬉しく思っている。

史朗にベタ惚れしていて、愛情表現は常にストレート。〝彼氏とカフェでお茶〟や〝彼氏と旅行〟といったシチュエーションに憧れるなど、心は乙女。優しく繊細な性格で、相手のことを思うあまり、自分の本音を押し殺してしまいがちな一面がある。

倹約家の史朗に比べて金銭感覚がユルく、史朗への誕生日プレゼントに奮発したり、ついコンビニでスイーツを買ったりしてしまい、お金に厳しい史朗から怒られないかと内心ヒヤヒヤすることも。

好き嫌いはほとんどなく、史朗が作る料理をいつも「おいしい！」と大喜びで食べる。史朗の横で手伝いをしたり、料理を任せる代わりに自分が部屋の掃除や洗濯を引き受けたりと、家事には協力的。

内野聖陽

内野聖陽／うちのせいよう

68年9月16日生まれ。神奈川県出身。96年に連続テレビ小説『ふたりっ子』(NHK)で脚光を浴び、テレビドラマや映画、演劇などさまざまな場で多彩な役柄を演じ、活躍中。近年の出演作に、連続テレビ小説『おかえりモネ』(NHK)、舞台『化粧二題』などがある。

原作エピソードでみる意外な一面

客のタイプによって、接客の仕方を柔軟に変えられるのが賢二の強み。口数の少ない相手が喋り出すのを待ち、その瞬間にさりげなく寄り添うことで、客を確実にハンティングしていく。

史朗から、今まで子どもが欲しいと思ったことはあるかと尋ねられた賢二。生まれないとわかってはいるけれど、生まれたら名前は何と付けようと考えたりすることはあると答える。

Character guide #03

Kohinata Daisaku

小日向大策

山本耕史

年下の恋人のどんなワガママも大きな愛で受け止める大人の男

芸能プロダクションのマネージャーで、史朗憧れの女優、三谷まみとも親しい。富永佳代子の夫を通じて、史朗と知り合う。がっしりとした体躯で大人の男ならではの落ち着きを漂わせ、実は史朗的には好みのタイプだった。本人の愛情は同棲している年下の恋人、航に注がれており、彼のワガママは自分が全部受け止めたいと思っていると話す。しかし航のワガママに翻弄されまくる姿に、史朗や賢二は同情ぎみ。仕事は多忙だが、家での料理は基本的に小日向の担当。高級な食材をふんだんに使い、趣向を凝らした料理で航を喜ばせようと奮闘するが、あまり褒めてもらえない。

山本耕史／やまもとこうじ

76年10月31日生まれ。東京都出身。87年日本初演のミュージカル『レ・ミゼラブル』や93年放送のドラマ『ひとつ屋根の下』（フジテレビ）など、数々の作品で注目を集める。近年の出演作に、ドラマ『この恋あたためますか』（TBS）などがある。映画『シン・ウルトラマン』の公開、大河ドラマ『鎌倉殿の13人』（NHK）の放送が控える。

Character guide #04

Inoue Wataru

井上 航

磯村勇斗

小悪魔のような気ままさで恋人を翻弄し、愛を確かめるもっさり男子

恋人の小日向の目には〝ジルベール〟のような美少年に映っているようだが、実際はボサボサの髪に無精ヒゲ、奇抜な服装をした30代。デイトレーダーとして家で仕事をしているものの、ガツガツ稼ぐタイプではなく、1日2万円を稼いだらその日は終了という気ままな暮らしぶり。ただ、若さと美には執着があるようで、ジム通いは欠かさない。小日向を介して史朗や賢二と親しくなり、4人で食事をする機会も増えた。なんだかんだと文句を言いながらも、史朗の料理はわりと気に入っているよう。史朗や賢二に対して遠慮のない発言をしては、小日向にたしなめられている。好物は「わさビーフ」。

磯村勇斗／いそむらはやと

92年9月11日生まれ。静岡県出身。15年に『仮面ライダーゴースト』（テレビ朝日）、17年に連続テレビ小説『ひよっこ』（NHK）で注目され活躍の場を広げる。近年の出演作は、『サ道』（テレビ東京）、大河ドラマ『青天を衝け』（NHK）、映画『東京リベンジャーズ』など。映画『彼女が好きなものは』も公開予定。

Character guide | #05

Miyake Hiroshi

三宅 祐

マキタスポーツ

賢二が家のこともぶっちゃけて あれこれ話せる気安い仕事仲間

美容室『フォーム』の店長で、賢二とは美容学校時代からの友人。お互いを「ヒロちゃん」「ケンちゃん」と呼び合う。史朗と賢二の関係も知っているので、賢二にとっては気兼ねなく史朗との話ができる貴重な相手。仕事人としては頼りになるものの、妻子持ちであるにもかかわらずお店のお客さんとこっそり付き合ったかと思えば、若い女の子に高価なプレゼントを贈るなど、浮気グセは一向におさまる気配がなく、賢二を呆れさせている。さらに家事の大変さをわかっていない発言をしては、同じ職場で働く妻、玲子の不興を買うなど、家庭はやや不穏な雰囲気。

マキタスポーツ

70年1月25日生まれ。山梨県出身。お笑い芸人として精力的に活動する一方、俳優としてドラマや映画、舞台にも出演。ミュージシャン、著述家の顔ももち、多芸多才ぶりを発揮している。近年の出演作に、ドラマ『君と世界が終わる日に Season1・Season2』(日本テレビ・Hulu)、舞台『東京ゴッドファーザーズ』などがある。

Character guide | #06

Tabuchi Go

田渕 剛

松村北斗(SixTONES)

率直すぎる物言いや独特の考え方で 賢二の職場に新風を吹き込む後輩

最近、美容室『フォーム』に入ったばかりのスタッフ。見た目は爽やかなイケメンだが、びっくりするほどあけすけな物言いやまったく空気を読まないキャラクターで、見守る賢二たちをハラハラさせる。同棲している年上の彼女がいるが、〝自分は家事を一切やらない〟と宣言するなど、付き合い方も独自のスタンスを貫いている様子。しかし彼なりに相手のことを思ったうえでの言動らしく、その考えに裏打ちされた潔い生き方には、周囲を納得させるだけの説得力もあり、憎めない若者として、フォームの面々に受け入れられる。ヒロちゃんの浮気話に食いついてくるなど、ゴシップ好き。

松村北斗(SixTONES)／まつむらほくと

95年6月18日生まれ。静岡県出身。SixTONESのメンバー。近年は俳優としても注目され、テレビドラマや映画の数々の作品で重要な役どころを担う。近年の出演作に、ドラマ『レッドアイズ 監視捜査班』(日本テレビ)、映画『ライアー×ライアー』などがある。11月1日から放送予定の連続テレビ小説『カムカムエヴリバディ』(NHK)にも出演。

Character guide | #07

Tominaga Kayoko

富永佳代子

田中美佐子

料理のことから家族との話まで 史朗に絶妙な意見をくれる主婦

史朗がひょんなきっかけで知り合い、親しくなった主婦。スーパーの箱売りや、まとめ売りで安くなっている食材を共同購入して分け合うなど、貴重な買い物仲間。家庭料理からおもてなし料理まで、手早くおいしく仕上げる料理上手で、料理のアイデアや調理のさまざまなコツを史朗に教えている。明るくさっぱりとした性格で、史朗と賢二との関係や両親との微妙な距離も理解したうえで、フラットな意見を言う。史朗たちの家の近所に住んでおり、今では彼女の夫や娘なども含め、家族ぐるみでの付き合い。賢二の話は史朗からいろいろ聞いているが、本人とはまだ会ったことがない。

田中美佐子／たなかみさこ

59年11月11日生まれ。島根県出身。81年、ドラマ『想い出づくり。』（TBS）でデビューし、その後、数々のドラマや映画に出演。ドラマ『セカンド・チャンス』（TBS）、『Age,35 恋しくて』（フジテレビ）、『OUT～妻たちの犯罪～』（フジテレビ）など、主演作も多数。近年の出演作に、映画『糸』などがある。

Character guide #08

Kakei Goro

筧 悟朗

田山涼成

昔気質なところはあるが穏やかで息子や妻を温かく見守る父親

史朗の父。今はリタイアし、夫婦2人で静かに暮らしている。口数は少ないが穏やかで優しく、何かと暴走してしまいがちな妻のブレーキ的役割を果たすことも多い。以前に食道がんの手術をし、今も通院しなければならないため、保険が下りるまでお金を貸してほしいと、史朗に頭を下げた。しかし昔気質で一家を支える柱としてのプライドがあり、史朗の何気ない言葉に家長としての誇りを傷つけられ、思わず声を荒らげてしまう場面も。息子には愛情をもっており、自分なりに同性同士での交際について理解しようと努めているが、わかっていない部分もまだある様子。

田山涼成／たやまりょうせい

51年8月9日生まれ。愛知県出身。文学座の研究所を卒業後、『劇団夢の遊眠社』に入団。以降、舞台やドラマ、映画などで多くの作品に携わる。近年の出演作は、ドラマ『最高のオバハン 中島ハルコ』(東海テレビ)、『異世界居酒屋「のぶ」』(WOWOW)、映画『きみの瞳が問いかけている』、舞台『サンソン―ルイ16世の首を刎ねた男―』など。

Character guide #09

Kakei Hisae

筧 久栄

梶 芽衣子

母親として息子を受け止めたいと全力で向き合う生真面目な女性

史朗の母。普段は和装で、〝古き良き日本の母〟といった風貌。生真面目で、こうと思い込んだら突き進むところがあり、こじらせがち。一人息子のことを大切に思っていて、同性とのお付き合いについてもショックではあるものの、母親としてできるだけ理解しようと必死。同性愛についての認識がちょっとズレていて、感覚的に理解が追い付いていない部分も多いが、賢二と共に生きると決めた史朗の幸せを心から願っている。料理のレパートリーが豊富で、史朗の好物を今もちゃんと覚えており、時折実家に帰ってくる史朗と2人で台所に立っては、その味を伝える。

梶 芽衣子／かじめいこ

47年3月24日生まれ。東京都出身。高校在学中にモデルデビュー、卒業後に日活に入社。映画「野良猫ロック」シリーズ、「女囚さそり」シリーズなどで人気を博し、多くの作品に出演。近年の出演作に、ドラマ『天使にリクエストを～人生最後の願い～』(NHK)、映画『罪の声』、『すばらしき世界』などがある。

スペシャル鼎談

西島秀俊×内野聖陽×よしながふみ

シロさんを演じる西島秀俊、ケンジを演じる内野聖陽、そして原作者のよしながふみ先生という豪華な顔ぶれでのスペシャル鼎談が実現！　映画の話に始まり、作品を演じる側と描く側、それぞれの想いやこだわり、そしてお気に入りの味まで、秘話盛りだくさんでお届けします。

——よしなが先生、まずは完成作をご覧になっての感想をお聞かせください。

よしなが　とってもかわいかったです！　お二人のやりとりや醸し出す雰囲気になんだか照れてしまい、最初の方は真っ直ぐスクリーンを見られず、ちょっと目を逸らしてしまいました（笑）。

内野　ははは。映画は大画面ですし周りに人もいますから、家のテレビで見る感覚とはまた全然違いますよね。

よしなが　そうですね。でもだんだん慣れてきて、ニヤニヤしながら見ていました。後ろの席に座っていた編集さんからは「すごく挙動不審でしたよ」と言われてしまって……、お恥ずかしい（笑）。

西島　挙動不審になったんですか？（笑）

よしなが　ええ。でも私だけではなく、きっとご覧になるファンの方はみんな、そんな感じになると思います。ちょっと切ない部分もあるのですが、史朗と賢二の関係はずっと温かいので、そこは安心してストーリーに身を委ねていられました。

——「映画化」というお話を聞いた時の心境は？

西島　僕はもともと原作のファンでしたし、できることなら年齢を重ねて賢二との関係性が深まっていく史朗をもっともっと演じたいという想いがあったので、とても嬉しかったです。連ドラをやらせていただき、作品を応援してくださる方がいたからスペシャルをやれて、今回は映画！　皆さんに応援していただいたおかげでこうやってドラマの先を演じることができ、感謝の気持ちでいっぱいです。

内野　深夜枠の30分ドラマからここまで成長したかと、感慨深かったですね。連ドラの時は西島さんと「この作品、ゴールデン枠には行かないよね〜」と話したりしていたのですが、それが一足飛びに映画化ということで、「え、いいんですか⁉」と、ちょっとドキドキしました。いや、今もドキドキしています（笑）。

よしなが　私としては、映画化はまったく考えていなかったので、お話をいただいて本当にありがたいなと思いました！

——映画化にあたり、よしなが先生がこだわったところとは？

よしなが　「京都に行ってほしい」というのは、初めにお願いしました。

西島　へぇ、そうなんですか！

内野　2人に、京都に行ってほしかったんですね。

よしなが　はい、京都に行けるといいなって。それは京都にいる2人を見たいというのもありますが（笑）、京都旅行のエピソードはストーリー上、すごく重要だと考えていて。ドラマはケンジがシロさんの実家に行くという、とてもいいシーンで終わりました。でも実は、そこで終わりじゃなかった……という流れが待っているのがポイント。そ

”とってもかわいい映画！お二人の会話や雰囲気に照れてしまいました。“（よしなが）

”ドラマの時と何も変わらず『何食べ』の世界を見せていくことができたと思う。“（西島）

ういった意味で、映画にするのなら、そのエピソードを外さずにやってもらえたらと思ったんです。

内野　なるほど、そういうことでしたか。

よしなが　あとはなるべく、ドラマの時と同じテンションでやっていただければと思っていました。今回も安達（奈緒子）さんが脚本をやってくださるということで、安心してお任せしました。安達さんの脚本は、物語全体を貫くひとつのテーマがあって、ラストに向けて問題がゆっくり解決の方向に向かい、穏やかに終わるという流れが素敵だなと思っていて。静かな中に小さなドラマが起きる、連ドラのかたちを通せればいいなと。

西島　そのあたりは本当に、ドラマの時と何も変わることなく『何食べ』の世界を見せていくことができたかなと思っています。ドラマと同じように「目の前のことに真剣に怒ったり笑ったり、悩んだりして、役として生きる」ということが、僕だけでなくキャストみんなの共通認識としてあったんじゃないかな。

内野　うん、そうですね。「映画だから」と意識して急に何かを変えると、逆にいやらしさが出てきちゃいますし（笑）。映画もドラマと同じ世界観で、シロさんとケンジが自然にその中に息づいてくれればいい。僕もそう思っていました。

西島　それと、映画はドラマより尺が長い分、ひとつのエピソードに多くのキャラクターが関わり、それぞれの言動を掘り下げていくこともできるので、作品としてより豊かなものになったのではないかと思っています。

――西島さん、内野さんが映画で印象に残っているエピソードというと？

内野　僕はあそこが好きだったな。ケンジが転んだ瞬間に、シロさんの手がパシッとケンジの手を掴むところ。

西島　えっ、そこですか⁉　ケンジが本音を打ち明けるところとかじゃなく？　意外すぎる回答でびっくりしました（笑）。

内野　おもしろポイントとして、ね（笑）。

”2人があの世界観に、自然に息づいてくれれば。そう思っていました。“（内野）

西島　確かにあの場面は、脚本のト書きに「まるで曾根崎心中の道行である」と書かれていて、「どう表現するんだろう？」と思っていたんですが……。

よしなが　私も脚本を読んだ時、「これ、どうするのかな？」と思っていたんですけど、完成作を見て「なるほど。こうなったのか」と（笑）。

西島　まさかの表現で（笑）。でも、けっこう直

”京都旅行でのケンジの表情の変化が、とても印象的でした。“（西島）

球な演出でしたよね。

内野　あそこは監督も楽しんでいましたよね。僕ももちろん、曾根崎心中な気持ちで演じていました！　あのシーンも含め、京都旅行の撮影は普通に楽しんでいる部分も多くて（笑）。京都という場所は、人の気持ちを高揚させる何かがあるじゃないですか。２人で観光スポットをあちこち回るシーンは、監督がいろいろなシチュエーションを準備してくださり、その中での、僕と西島さんとが築き上げてきた関係性に基づく自由演技だったので、浮き立つ気持ちを生かして、楽しくやらせていただきました。完成作を見た際も、ああいったシーンはやっぱりかわいらしいなと思いましたね。

西島　僕は、京都でのケンジの表情の変化がとても印象に残っていますよ。

内野　あぁ、ケンジが自分の妄想に取りつかれちゃってね（笑）。

西島　そうそう。ケンジだったら絶対嬉しいはずのシチュエーションなのに、不安にかられ始めて、どんどん喜ばなくなっていく（笑）。
内野　あの流れは、僕も好きでした。
よしなが　ケンジの表情の変化は、本当に素晴らしかったです！　京都旅行、2人はとっても楽しそうなんですけど、原作者としてはこの先の展開を知っているので、見ていて切なくもあって……。〝種明かし〟の後、ケンジもシロさんも、それぞれ相手を思うからこそこれ以上口に出せない想いがあり、それを抱えつつこの旅を続けているんだなと思いながら見ていると、今を一生懸命に楽しもうとしている2人の姿がいじらしく、より胸に迫ってきました。
西島　セリフがないところは、自由に動いて演技し、楽しくやらせてもらっていましたが、逆にセリフがある部分は、まさに真剣勝負。『何食べ』の撮影は、感情的に「1回しかできない」ということが結構あるんです。内野さんが「これ、1回しかできないから！」とおっしゃると、現場にいい緊張感が生まれてみんなの集中力が高まり、結果、とてもいいシーンになるということも多かったですね。
内野　お芝居というのはブツ切りにされるよりも、1シーンを1カットで撮る方が、役者同士からいろいろなものが出てきて面白いんですよねぇ。『何食べ』のようにストーリーに過激な展

”『何食べ』は繊細な作品。1回の撮影に賭けなければいいものは出せない。“（内野）

開がなく、一見何も起きていないように見えてキャラクターの心がゆらゆら繊細に動いているというような世界を嘘なく演じるには、何度も何度もやってはダメ（笑）。1回に賭けなければ、いいものは出てこない。だから西島さんも僕も、すごい追い込み方をしています。

よしなが　そうなんですね。

西島　カメラ前で演技をしていると、台本を読んで想定していた以上の感情に襲われる時があって……。たとえば史朗としては心配な気持ちでいっぱいなんだけど、その感情とはかけ離れたオチが待っていて、今抱いている史朗の感情をどう整理すればいいかわからなくなるというような（笑）。そういった役の感情のうねりを感じながらの芝居というのも、やっていて非常に楽しいです。

内野　原作での印象的なエピソードを演じるとなると、やっぱり「原作の素敵さに負けたくない！」という想いが出てくるんです。僕らとしては「原作で感じたあの衝撃を、自分たちでも作っていきたい」という気持ちがあるので、そのシーンにかける想いも自ずと強くなります。

よしなが　そんなふうに思っていただけて、本当にありがたいです……！

西島　漫画を描く時、エピソードはどのように考えていくのですか？

よしなが　漫画は1話32ページで展開する作品が多いのですが、この『何食べ』は、1話16ページ。料理に8ページ割いているので、人間ドラマに割けるページは残りの8ページしかありません。でも8ページしかないからこそ、些細なエピソードを描くことができるんです。それこそ「親も歳をとったな」という普遍的な感慨も、それだけだとなかなか1本の漫画にはしづらいのですが、8ページでなら描ける。その利点を生かし、自分や編集さんの身の回りに起きてハッとしたというような小さな出来事をそのまま漫画に描くことは、よくあります。ですから最近ではエッセイというか、身辺雑記に近くなってきました（笑）。また長く描かせていただいていることでキャラクターも育っているので、何か起きた時に、史朗やケンジがどう動くかというのは、描いている私もだいたいわかる。「わかる」というより「勝手に向こうがやってくれる」という感覚なんですけど。

西島　へぇ、面白いですね！

よしなが　「こういうことが起きる」という出来事をひとつ作れば、後は勝手にキャラクターが動いてくれるので、今はだいぶラクになりました。

西島　僕も史朗と同じくらいの年齢なので、史朗たちが直面する家族の問題や健康の問題など、本当によくわかります。撮影でも梶（芽衣子）さん、田山（涼成）さん、そして連ドラで第5話まで御一緒した志賀（廣太郎）さん演じる両親とのシー

”少ないページ数だからこそ描けるエピソードを拾っています。“（よしなが）

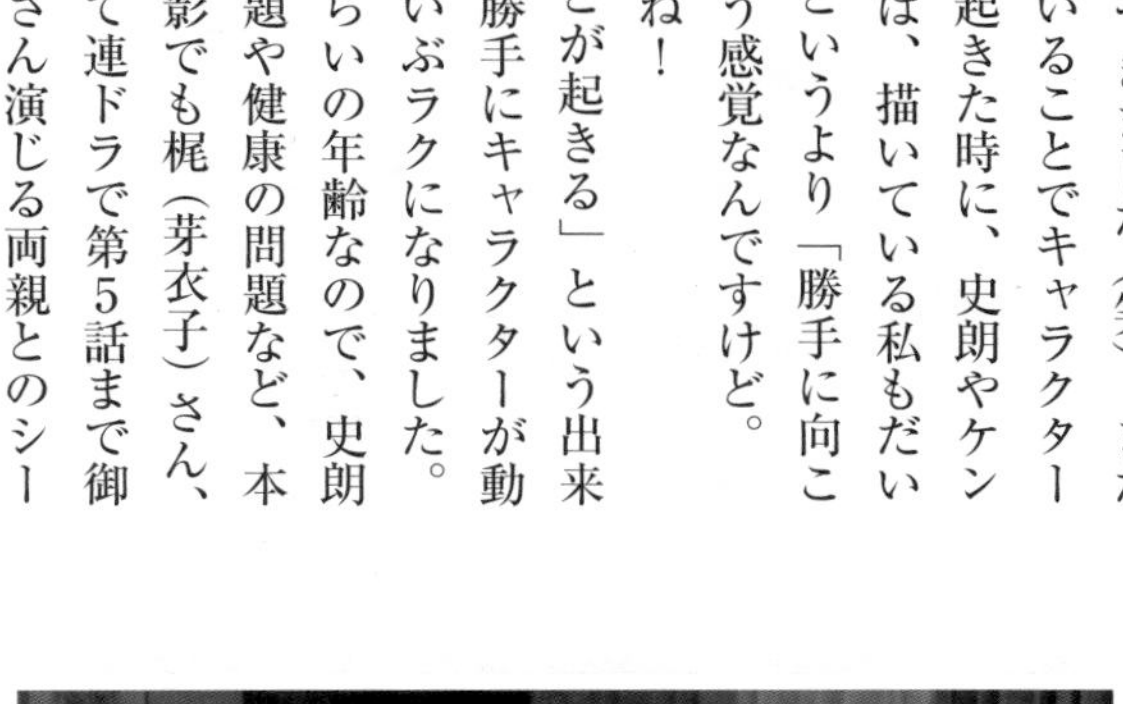

”作品のおかげで母のレシピをいろいろ聞くことができました。“（よしなが）

ンは、毎回とても胸に響いていました。

内野　漫画ではたくさんのお料理が出てきますが、あのアイデアはどうやって？

よしなが　料理は、季節が巡ってくるので、漫画が掲載される時季に合わせて組み立てています。載せる料理は、人間ドラマとは関連を持たせていないんです。起きた問題を解決するために料理する、というわけでもないので。人間ドラマと切り離して献立を考えられるというのも、私的にはすごくいいです。

内野　自由なんですね。

よしなが　はい。あとは、1巻の中でのバランスを意識します。「ここのところ、お肉が続いていたから、次はお魚かな」とか、「1巻で1回は甘いものを出したいから、今度はスイーツだな」という配分を1巻全体の中で考えていきます。

内野　まるでお母さんが献立を考えるみたいですね！

よしなが　そうなんです（笑）。料理を作る方が一番苦労される、〝献立を考える〟という作業を毎話やっています。私自身が毎日考えることなので、これを仕事に活かさない手はない、と思って（笑）。

――今回の映画にもいろいろなお料理が出てきましたが、西島さん、内野さんの印象に残っている料理は何ですか？

内野　それはもう、あれですよね！

西島　はい。キャラメルりんごのトースト！　あれはおいしかったですね～！　それこそあのシーンは、2人とも1回しかできないリアクションでしたよ。食べて、「うわっ、これおいしい！」って。

内野　うん、あの反応は素でした（笑）。

西島　本当においしかったな～。

内野　これまでいろいろなものを食べてきましたが、人生のベスト10に入りそうな勢いです！　最後にアイスをのせてシナモンをかけると、グッと格が上がる。あれは売れるなと思いました。先生、よく思いつかれましたね！

よしなが　あのスイーツ、構成的にはアップルパイに近いんですよ。

内野　え、アイスもですか？

よしなが　アメリカの人はアップルパイにバーンとアイスをのっけて食べるんです。「これはもうテッパンの組み合わせだな」と思って、取り入れました。

内野　シナモンがけというのも？

よしなが　はい、アップルパイってだいたいシナモンが入っていて。シナモン味が加わると、スイーツ感が出るんです。

内野　なるほど～。勉強になるなぁ。

西島　最近は2人で料理するシーンも増えてきたのですが、それが1人の時とまた全然違って楽しい。1人で料理する時は料理の手順を考えながらやっていますが、内野さんと2人だと「自由演技

でお願いします」となるので、僕らでもう一段階シーンを膨らませることができるんです。
内野　僕はこれまでエサをもらうワンちゃんのようなつもりで、シロさんが作ってくれる料理をおいしそうに食べるのが使命だと思っていましたが、だんだんそうじゃなくなってきました（笑）。でもそれはそれで、ケンジの成長ですよね。
西島　そうそう。ケンジは料理面でもしっかり成長していますよ！

――映画に登場した中で、先生がとくに思い入れのある料理というと？

よしなが　ローストビーフ、それと肉団子かな。
西島　あ、あの〝ローストしないローストビーフ〟ですね！
よしなが　はい。どちらも母の十八番の料理で、普段は「自分が作ったほうが早いから」と細かなことは教えてくれないので、「仕事で必要だから」と言って手順や分量をイチから教わったんです。この作品のおかげで、私もやっと自分で作れるようになりました。

〟センシティブな心ひとつで
西島さんと向き合うことで
自由になれた。〝（内野）

内野　あの肉団子も、素朴な味でとてもおいしかったな～！　先生のお母さんがお弁当に入れてくれていたとか？

よしなが　はい、そうです。あと、私の家ではお正月に必ず肉団子が出ていたんです。子どもっておせち料理はあまり得意じゃないから、ひたすらあれを食べていた記憶があって……。そういった〝おうちの味〟って、ちゃんと教わるタイミングが意外にないので、この機会に作り方を聞けて本当によかったです。

——西島さんと内野さんが、〝おうちの味〟と聞いて思い出すのは？

内野　フライパンで牛肉を焼いた後に残る牛脂をフライパンごととっておき、そこにごはんと刻んだニンニクを入れて炒め、塩コショウで味つけをして、ガーリックパウダーやチューブニンニクを加えて作る炒飯。めちゃめちゃうまいですよ！　貧乏くさくてすみません（笑）。

よしなが　そんなことありません。説明がすごくお上手ですね！　とってもおいしそう……!!

内野　おいしそうでしょ？　本当においしいですから！（笑）　名付けて「牛脂ガーリックペッパーライス」かな。とくに和牛だと脂が甘いので、めちゃめちゃおいしくなります。これはみんな、ぜひトライしてほしい。牛肉を食べた日はフライパンを洗わず、翌日まで冷蔵庫に入れておいてください！

西島　いいですね～（笑）。僕は「りんごかん」

“『何食べ』は、今の時代に生まれるべくして生まれた作品ではないかと感じる。”（西島）

です。母が正月に、りんごをすって寒天と合わせて固めたデザートを出してくれていたんです。そのりんごかんが好きで、母にレシピを聞き、今、家でも時々作っています。プルンとした食感でおいしいんですよ。母の作るりんごかんは、りんごのすり具合が毎年違っていて、色の濃さや味もバラバラでしたが（笑）、それも含めて好きでした。思い出の味です。

よしなが　それもまさに〝おうちの味〟で、おいしそうですね（笑）。

――改めて、『きのう何食べた？』という作品と出会い、得たものとは？

西島　本当にたくさんありますが……、生きているといろいろなことがあります。そんな中でも、自分にとって大切な人ときちっと生活をする。おいしいものを食べて、「おいしいね」と言い合う時間を持つことで、元気になれる。世界がこのような状況になった今、この作品が伝えている〝何気ない日常〟の大事さを、多くの人が身をもって感じているのではないかと思います。そういった意味で、もちろん先生の原作ありきではありますが、『きのう何食べた？』は、今の時代に生まれるべくして生まれた作品だったのではないかと僕は感じているんですよね。作品に関われたことをとても幸せだと思っています。

内野　僕はこれまで役者として「男であるからには、雄《オス》にしかできない表現をしていきたい」とずっと思っていました。しかしケンジというキャラクターとの出会いで、その考えを一旦蹴とばして全て取っ払い、自分の中にあるセンシティブな心ひとつで西島さんと向き合った時に、すごく自由になれたんです。これは僕にとって非常に大きな発見でした。相手に身を任せてセッションしていくことでも、芝居は成立するのだと気づけました。自由になれたからこそ、その場でいかようにも変化していける。そんな自分に出会えたのは収穫でしたね。『何食べ』を通じて、俳優として今までとは違うところに行けたかなと思います。

――最後に、よしなが先生からご覧になった、映画『きのう何食べた？』の魅力を教えてください。

よしなが　映画では、ドラマの時以上にシロさんがケンジのことを大好きになっているんですよね。生身の俳優さんが演じてくださることで、その愛情がよりリアルに伝わってくるのが素晴らしいなと感じました。映像で見ると、「憎からず想っている人と暮らすって、こんなに素敵なことなんだな」と気づかされたり、「長く一緒に暮らすうち、出会った時よりも相手のことを好きになるのかもしれない」と温かい気持ちを持てたりするんです。物語の展開を知っていても、何度でも楽しめますし、観るたびに幸せをおすそわけしてもらえるような、そんなかわいい映画になっていると思います！　多くの方にご覧いただければ嬉しいです。

きょう何食べる？
レシピ

たけのことわかめの味噌汁／キャベツとホウレン草入りマーボー春雨／新玉ネギとわかめのポン酢醤油がけ
カブとベーコンの豆乳スープ／レバニラ炒め／蒸しナスのじゃこマリネ
キュウリとキャベツの塩揉み／かきたま汁／千切りポテトのハムチーズパンケーキ／黒豆
関東風雑煮／肉団子／スパニッシュオムレツ／キャラメルりんごのトースト／黒みつミルクかん

〔番外編・ケンジ＆航の料理レシピ〕デミグラスソースのオムライス／キムチチゲ ジルベール風

2人の心を繋ぐ
シロさんの簡単

アクアパッツァ／リゾット／なんちゃってローストビーフ／ゴージャス グリーンサラダ
夏野菜カレー／アボカドとトマトのわさび醤油和え／ブリ大根／厚揚げの味噌はさみ焼き
ニラのおひたし／三ツ葉入りかきたま汁／かやくごはん／肉豆腐
キャベツとあさりとベーコンの蒸し煮／ニラとモヤシのゴマびたし／なめこと三ツ葉の味噌汁
玉ネギたっぷり豚のショウガ焼き／ニンジンのナムル／長ネギとザーサイのせ冷ややっこ

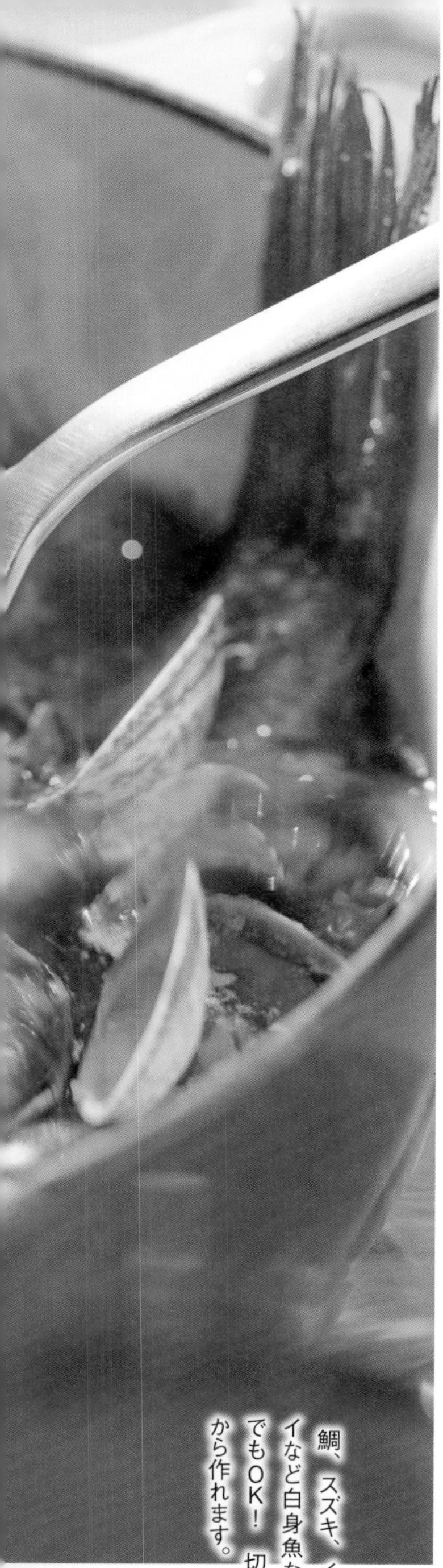

アクアパッツァ

キンキは水気をよく拭いて、両面に塩をふる。
（内臓は抜く、うろこがついている場合は取るなどの下処理が必要）
イタリアンパセリは葉を摘み、別皿に取っておく。
鍋にキンキ、つぶしたニンニク、イタリアンパセリの茎、
黒コショウを入れる。
そこに、白ワイン、オリーブオイル、水を入れて
火にかける。
煮立ったらあさりを加えて中火で10分、
ミニトマトを入れてさらに5分煮る。
仕上げにイタリアンパセリの葉を散らす。

● 材料〈4人分〉

キンキ……1尾
あさり（殻付き）……350g
ミニトマト……20個
ニンニク……2片
イタリアンパセリ（パセリでも可）……4本
塩……小さじ4
黒コショウ（粒）……10粒
白ワイン……150cc
オリーブオイル……120cc
水……300cc

リゾット

ごはんをザルに入れてさっと洗い、ぬめりを取る。
アクアパッツァの煮汁にごはんを入れ、軽く煮立たせる。

● 材料〈4人分〉

ごはん……2膳分

鯛、スズキ、イサキ、キンメダイなど白身魚ならだいたいなんでもOK！ 切り身なら1人前から作れます。

佳代子さんの
One Point

原作でふり返る料理エピソード

ある日、小日向家の冷蔵庫が故障。中身をシロさんの冷蔵庫に避難させようとするが収まりきらず、料理して消費することに。助っ人の佳代子が食材をチェックし、メニュー決定。簡単なのにおいしいおもてなし料理に、４人は感激。（９巻・＃66）

なんちゃってローストビーフ

醤油、酒、水の順に計量カップで計りながら鍋に入れて、
ニンニクもスライスして加え、火にかける。
沸騰してきたら肉を入れ、1分45秒加熱。
別の面を下にして同じく1分45秒。これを繰り返して、
全ての面を加熱したら、火を止めて菜箸を刺してみる。
ちょっと抵抗があるけど刺さるくらいがちょうどよい。
肉を深めのタッパーに移し、煮汁をもう一度煮立たせて、
粗熱が取れたところで肉を入れたタッパーに注いで、
翌日まで冷蔵庫で肉を落ち着かせる。当日に食べたい場合は、
まず冷凍庫で1時間くらい冷やしてから冷蔵庫に入れる。

● 材料〈4人分〉

牛かたまり肉……600g
〈調味料〉
醤油……180cc
酒……200cc
水……200cc
ニンニク……大1片

ゴージャス グリーンサラダ

レタスはひと口大にちぎって、
ベビーリーフと一緒に洗ってザルに上げて水気を切る。
紫玉ネギは繊維と垂直に薄切りにしてから水にさらしておく。
アスパラは長さを4等分にして塩（分量外）を入れた熱湯に入れ、
色が冴えたらさっと取り出して冷水で色止めする。
インゲンは長さを3等分にして、同じ熱湯で1分半茹で、
冷水で色止めする。
キュウリは皮を縞目にむき、太めの輪切りにする。
水にさらした紫玉ネギをザルに上げて、水気を切る。
ドレッシングはアンチョビペーストと粒マスタードをたっぷり入れ、
酢、オリーブオイル、塩、砂糖、コショウで味を調えて、
食べる直前にかける。

● 材料〈4人分〉

レタス……2〜3枚
ベビーリーフ……1パック
紫玉ネギ……1/2個
アスパラ……1束
インゲン……1/2袋
キュウリ……1本

〈ドレッシング〉
アンチョビペースト……適量
粒マスタード……適量
酢……適量
オリーブオイル……適量
塩……少々
砂糖……少々
コショウ……少々

冷凍していない肉で、食べる前日に作るのがベター。調理後、完全に冷やすと薄く切りやすく、食べやすい。

佳代子さんの
One Point

夏野菜カレー

玉ネギを薄切りにして、サラダ油で強火で炒める。
玉ネギがぺちゃんこになってきたところで、
火を中弱火に落としてさらに玉ネギがあめ色になるまで炒めていく。
玉ネギを炒めている間に、ほかの野菜も切っていく。
ナスは輪切り、インゲンは半分に、パプリカは縦切りに。
玉ネギがあめ色になったら、
みじん切りにしたニンニクとショウガを入れて、
さらに豚ひき肉を入れて、ひき肉がポロポロになるまでよく炒める。
ひき肉から脂が充分出たところで、ナスとインゲン、パプリカを入れる。
野菜にざっと油がまわったら、水を入れる。
ローレルやウスターソース、カレー粉、味噌、
はちみつなどを加える。
ナスの白い実の部分が透明になったら、カレールウを入れ、
斜めに切ったオクラを加えて、さらに軽く煮込む。

● 材料〈5皿分〉

玉ネギ……3個
ナス……5～6本
インゲン……2袋
赤パプリカ……1個
黄パプリカ……1個
オクラ……2袋
豚ひき肉……200g
ニンニク……1片
ショウガ……1片
水……700cc
カレールウ……5皿分
ローレル……1枚
ウスターソース……適量
カレー粉……適量
味噌……適量
はちみつ……適量
サラダ油……適量

玉ネギ炒めは、かき混ぜすぎず、弱火にしすぎないのがポイント。しばらくほったらかしにしたら、鍋の焦げをこそげ取るようにして混ぜ返す……を繰り返す感じ。もちろん、完全に焦がしてはいけない。

シロさんの
One Point

原作でふり返る料理エピソード

シロさん行きつけのスーパー、ニュータカラヤの美人オバサン店員は、レジ作業は速いものの不愛想。彼女とやりとりをするたび、なんだか負けたような気分になるシロさん。夏野菜カレーを食べながら、ケンジに思わずボヤく。(5巻・#35)

アボカドとトマトのわさび醤油和え

わさびに醤油、レモン汁、
砂糖をよく合わせておく。
ひと口大に切ったアボカド、トマトと
ざっと和えて器に盛り、
上にかつおぶしをのせる。

● 材 料〈2人分〉

アボカド……1個
トマト……1個
おろしわさび（チューブ）……5cm
醤油……適量
レモン汁……適量
砂糖……少々
かつおぶし……適量

ブリ大根

大根は幅3センチくらいの輪切りにし、皮をむいて半分に切る。
鍋に入れ、大根がかぶるくらいの水を入れたら、火にかけて下茹でする。
煮立ったら中火にして、少なくとも10分は煮る。
ブリのアラは全体に塩をふって10分ほどおく。
大根とは別の鍋に湯を沸かして、そこにブリを入れる。
ブリの生臭みを取るため、表面の色が変わったらすぐ取り出して、
うろこや血のかたまりを洗い流す。
ブリを茹でた鍋を洗ったら、ショウガの薄切り、酒、砂糖、みりん、
醤油を入れて煮立てて、ブリを入れて中火で10分ほど煮る。
いったんブリを煮汁から取り出し、
その煮汁に水400ccを足して煮立ててから、
水気を切った大根を入れて30分くらい煮る。
こうすると大根に味が染みて、しかもブリがパサパサにならない。
ブリを鍋に戻し入れて、煮汁が少なくなってつやが出るまで、
少し火を強めて煮汁をブリにかけながら煮る。
ブリと大根を器に盛ったら、ショウガの千切りと、
あれば柚子の皮の千切りをのせる。

● 材料〈2人分×2日〉

大根………2/3本
ブリのアラ……約600g
ショウガ……1片
酒……100cc
砂糖……大さじ3
みりん……70cc
醤油……50cc
柚子の皮……適量
ショウガ(飾り用)……適量

原作でふり返る料理エピソード

スーパーで安売りされている食材をチェックし、頭の中でその食材を使ったレシピを考えたうえで買うかどうかを決めるのが、シロさんのルーティン。ある日、ブリの切り身が安売りされているのを目にしたシロさんは、切り身よりさらに安いブリのアラを見つけた。この日は大根も1本100円でゲットでき、夕飯のメインはブリ大根に決定! 平静を装っているものの、内心はかなりの充実感で興奮。そんなふうに安い食材でやりくりする毎日が、シロさんにとってはけっこう楽しいのだった。(2巻・#10)

厚揚げの味噌はさみ焼き

● 材料〈2人分〉

厚揚げ……1枚
長ネギ……10㎝
かつおぶし……1パック
味噌……小さじ1
酒……少々
みりん……少々
醤油……ひとたらし

厚揚げは、熱湯でさっと油抜きをする。

みじん切りにした長ネギと、かつおぶし、味噌、酒、みりん、醤油を全部合わせて練る。

厚揚げを横半分に切ったら、断面の真ん中に包丁を入れ、そこのポケットにネギ味噌を詰める。

アルミホイルにのせたら、200℃のオーブントースターで10分ほどこんがり焼いて出来上がり。

三ツ葉入りかきたま汁

三ツ葉は葉を摘み、茎を長さ3㎝に切って、
椀に入れておく。卵は溶いておく。
鍋に水と白だしを入れ、火にかける。
片栗粉と水で水溶き片栗粉を作っておき、
沸騰したら水溶き片栗粉を流し入れ、
とろみをつける。
煮立ったところに溶き卵を細く流し入れ、
ひと呼吸おいて全体を混ぜ、火を止める。
三ツ葉が入った椀によそう。

● 材料〈2人分〉

水……400cc
白だし……適量
三ツ葉……スポンジ1個分
卵……1個
片栗粉……小さじ1
（水小さじ2で溶く）

ニラのおひたし

ニラをさっと茹でて、長さ3～4㎝に切る。
だしで割った醤油をかける。

● 材料〈2人分〉

ニラ……1束
だし……適量
醤油……適量

だしは、だしの素をお湯少量に溶かしたもので作る。
シロさんの
One Point

銀シャリ
高速
炊込み3まで
エコ炊飯
カレー用
すしめし

かやくごはん

干ししいたけは、前日に水につけてもどしておく。
米は事前に研いで、水に浸しておく。
下茹でしたこんにゃく、ニンジン、たけのこ、油揚げ、
ゴボウをみじん切りにする。
浸しておいた米の水をいったん全部捨てて、
干ししいたけのもどし汁、酒、白だし、みりんを合わせ
３合分の目盛りまで入れる。
具材を米の上にのせて炊飯する。

● 材料〈6人分〉

米……３合
干ししいたけ……３枚
こんにゃく……1/3枚
ニンジン……1/3本
たけのこ（水煮）……1/4本
油揚げ……１枚
ゴボウ………1/3本
酒……適量
白だし……適量
みりん……適量

原作でふり返る料理エピソード

父からお金を貸してほしいと頭を下げられたシロさん。今まで母から送られてきていたカニ缶やホタテ缶、どんこなどはいただきものではなく、母が買ったものだったのだと気づく。そのどんこを使って作ったのは、かやくごはん。夕食を食べながら、シロさんはケンジに両親の話を打ち明ける。（3巻・＃21）

味の加減は、吸い物より濃いめ。

シロさんの
One Point

肉豆腐

サラダ油で豚バラ肉、
くし形に切った玉ネギを炒めて、
玉ネギに火が通ったらえのきを入れる。
酒とめんつゆ、みりんで味つけをし、
最後に豆腐を入れて火が通ったら完成。
水気は豆腐から勝手に出てくるので、
足さなくて OK。
仕上げに七味をふる。

● 材料〈2人分〉

豚バラ肉(薄切り)……100g
玉ネギ……1個
えのき……1株
豆腐……1丁
酒……少々
めんつゆ……少々
みりん……少々
七味……適量
サラダ油……適量

キャベツとあさりとベーコンの蒸し煮

キャベツはざく切り、
ベーコンは1.5センチくらいの幅に切り、
鍋に入れて酒と水を加えて火にかける。
キャベツがある程度煮えたところで
あさりを加え、
バターと、お好みでおろしニンニクを入れて、
鍋に蓋をして蒸す。
あさりの口がぜんぶ開いたら、
仕上げに醤油と黒コショウをふる。

● 材料〈2人分×2日〉

春キャベツ……1/3個
あさり（殻付き）……350g
ベーコン……2枚
酒……50cc
水……50cc
バター……2かけ
おろしニンニク……適宜
醤油……少々
黒コショウ……少々

貝類は冷凍しても生きているから、
加熱すればちゃんと口が開く。

シロさんの
One Point

なめこと三ツ葉の味噌汁

なめこはさっとゆがく。
三ツ葉はきざんで、椀に入れておく。
水を沸かしてなめこを入れ、
だしの素、味噌を加える。
食べる直前に、三ツ葉入りの椀によそう。

● 材料〈2人分×2日〉

なめこ……1袋
三ツ葉……スポンジ1個分
水……400cc
だしの素……少々
味噌……適量

ニラとモヤシのゴマびたし

モヤシは水で洗い、ニラは
長さ3～4センチのざく切りにする。
耐熱ボウルに入れて、
ラップか蓋をして、レンジで3分チンする。
ゴマ油とすりゴマとポン酢醤油をかける。

● 材料〈2人分〉

ニラ……1束
モヤシ……1/2袋
ゴマ油……適量
すりゴマ……適量
ポン酢醤油……適量

ゴマ油の代わりに
ラー油でもOK。

シロさんの
One Point

玉ネギたっぷり
豚のショウガ焼き

● 材料〈2人分〉

豚バラ肉（薄切り）……250g
玉ネギ……小2個
キャベツ……1/2玉
ショウガ……1片
塩……少々
酒……適量
砂糖……小さじ1
醤油……適量
サラダ油……適量

キャベツは千切りにしておく。

豚バラ肉は長さが4等分になるように切って、塩と酒をまぶしておく。

玉ネギは繊維に沿って薄いくし形にスライスする。

ショウガはすりおろす。

サラダ油をひいて熱したフライパンに豚肉を入れ、色が変わるまで炒めたら、玉ネギとおろしショウガを加え、砂糖をふり、醤油をだーっと適当に回しかける。

玉ネギがくったりとべっこう色になって全体に茶色く照りが出るまで、味をみて微調整しながらひたすら炒める。

出来上がったら、キャベツと一緒に盛り付ける。


玉ネギからかなり甘みが出るので、砂糖は控えめでもけっこう甘辛の味になる。

佳代子さんの
One Point

原作でふり返る
料理エピソード

佳代子さんから、お姉さんが田舎から送ってきたという玉ネギを分けてもらったシロさんは、「これなら豚肉をたくさん使わなくても、ボリュームたっぷり」と教わったショウガ焼きのレシピを、さっそくその日の夕飯で実践してみることに。小さめの玉ネギを２人分で２個使い、じっくり炒めて甘みを引き出したショウガ焼きに、ケンジも大満足。（4巻・＃31）

ニンジンのナムル

ニンジンは長さ4～5センチ程度の千切りに。
耐熱ボウルに入れ、
焦げないよう水を入れてラップか蓋をして
レンジで5分チンする。
ニンジンに火が通ったら、
調味料（すりおろしたニンニク、
鶏ガラスープの素、コショウ、ゴマ油）を入れた
別のボウルに水気が入らないよう注意して
ニンジンを移す。調味料がニンジンになじんだら、
白すりゴマを加える。
最後に味を見て塩気が足りなかったら、
塩を足す。

● 材料〈2人分〉

ニンジン……1本
水……50cc
すりおろしたニンニク……少々
鶏ガラスープの素……少々
コショウ……少々
ゴマ油……適量
白すりゴマ……適量
塩……少々

たけのことわかめの味噌汁

鍋に湯を沸かす。
水でもどしたわかめをよく洗い、水気を切ったらざく切りにして椀に入れておく。
鍋に薄切りにしたたけのこを入れ、再沸騰したら、だしの素を入れる。
味噌を溶かし、わかめが入った椀によそう。

● 材料〈2人分〉

塩蔵わかめ……20g
たけのこ(水煮)……50g
水……400cc
だしの素……少々
味噌……適量

長ネギとザーサイのせ冷ややっこ

長ネギとザーサイをみじん切りにして、豆腐にのせる。
レモン汁と醤油で作ったレモン醤油とゴマ油をかける。

● 材料〈2人分〉

豆腐……1/2丁
長ネギ……6cm
ザーサイ……20g
レモン汁……少々
醤油……少々
ゴマ油……適量

夏はトマトの粗みじん切りを混ぜてもおいしい。

シロさんの One Point

カブとベーコンの豆乳スープ

カブの皮をむいて、１個を６等分に切る。
カブを水と一緒に鍋に入れ、火にかける。
ベーコンを細切りにして、これも鍋に放り込む。
味つけは鶏ガラスープの素と塩で。
カブの葉を小口切りにしておき、
カブに完全に火が通る前に加えて、
水溶き片栗粉を作り流し入れる。
最後に豆乳を入れ、沸騰させないように軽く温めたら、
黒コショウをふって出来上がり。

● 材料〈２人分〉

カブ……１〜２個
ベーコン……１枚
豆乳……100cc
水……150cc
鶏ガラスープの素……少々
塩……少々
片栗粉……大さじ１
（水大さじ２で溶く）
黒コショウ……適量

キャベツとホウレン草入り マーボー春雨

キャベツをざく切りにして、
春雨ははさみで食べやすい長さに切る。
フライパンにサラダ油をひき、
長ネギとショウガのみじん切り、豆板醤を
炒めたら、そこに豚ひき肉を入れる。
キャベツを入れて油がまわったら酒、
味噌、あればオイスターソース、砂糖、醤油、
コショウで味つけする。
水を加え、春雨を水でもどさずそのまま加えて、
スープを春雨に吸わせていく。
ざく切りにしたホウレン草を入れて
さっと炒め合わせたら、
ゴマ油をたらす。

マーボー春雨はキャベツとホウレン草のほか、生の小松菜や白菜でもいける。

シロさんの
One Point

● 材料〈２人分〉

キャベツ……２〜３枚
茹でたホウレン草……1/3〜1/2束
春雨……30g
豚ひき肉……100g
長ネギ……5㎝
ショウガ……1/2片
豆板醤……適量
酒……少々
味噌……少々
オイスターソース……少々
※なくてもOK。お好みで。
砂糖……少々
醤油……少々
コショウ……少々
水……100cc
ゴマ油……適量
サラダ油……適量

新玉ネギとわかめのポン酢醤油がけ

新玉ネギは繊維に沿って薄くスライスして、
冷水に10～20分さらしておく。
塩蔵わかめはさっと湯通ししてから水に取り、
水気をしぼったらざく切りにして、皿に盛る。
水にさらしてあった玉ネギは
水気を切ってわかめの上にのせ、
かつおぶしとショウガのすりおろしをのせて、
食べる直前にポン酢醤油をかける。

● 材料〈2人分〉

新玉ネギ……1/2個
塩蔵わかめ……適量
かつおぶし……適量
ショウガ……適量
ポン酢醤油……適量

原作でふり返る料理エピソード

新玉ネギがおいしい春。まだ肌寒い夜にシロさんが作ったのは、豆板醤を使ったピリ辛中華風のマーボー春雨と熱々の豆乳スープ。賢二はマーボー春雨をごはんにのっけて、「おいひ～♡」「最強～」とはっふはふしながら嬉しそうに食べた。（7巻・＃52）

レバニラ炒め

● 材料〈2人分〉

豚レバー……150g
モヤシ……1袋
ニラ……1束
酒……小さじ1/2
醤油……小さじ1
おろしニンニク(チューブ)……少々
ショウガのすりおろし……少々
サラダ油……適量
片栗粉……大さじ2
ゴマ油……少々

〈合わせ調味料〉
鶏ガラスープの素……小さじ1
醤油……大さじ1 1/2
オイスターソース……大さじ1
砂糖……小さじ2
コショウ……少々

豚レバーは表面を水で洗ったら薄切りにして、ペーパータオルで水気を拭き取っておく。

ボウルに酒、醤油、おろしニンニク、ショウガのすりおろしを入れ、レバーと和える。5分ぐらいおいて下味をつける。

モヤシは洗っておき、ニラは長さ3〜4センチに切っておく。

合わせ調味料として、鶏ガラスープの素、醤油、オイスターソース、砂糖、コショウをよく混ぜ合わせておく。

中華鍋を煙が出るまでガンガンに熱して、そこにサラダ油を入れ、十分に加熱する。

揚げる直前に、下味をつけたレバーに片栗粉をまぶしつけ、だいたい160℃に熱した油でレバーを揚げる。

下味をつけておく時間が長すぎると、ここで油はねするので要注意!

レバーは手早く取り出して、揚げ油はオイルポットに全てあけておく。

再度鍋を熱したら、ゴマ油を入れ、モヤシとニラを入れて炒める。

モヤシとニラに油がまわったら、レバーと合わせ調味料を入れてすばやく味をなじませる。

シロさんの
One Point

レバーは揚げすぎないようにさっと引き上げるのがポイント。油の中でくっつきやすいので、少量ずつ揚げるのがおすすめ。

原作でふり返る料理エピソード

シロさんが、一度家で作ってみたかったレバニラ炒めに初チャレンジ。レバーを、野菜と炒める前にさっと揚げるというひと手間を取り入れたことで、レバーの臭みが抑えられてプリプリやわらかな食感に。食欲をそそるがっつり醤油味の、絶品レバニラ炒めが見事に完成!(11巻・#84)

蒸しナスのじゃこマリネ

ナスはへたを切って、縞目に３ヵ所皮をむく。
全体を水に濡らし、耐熱容器に並べ、
密閉しないようにふわっとラップをして、レンジで４分加熱する。
次にドレッシングを作る。
フライパンを熱し、ちりめんじゃこ又はしらすをゴマ油でかりっとするまで炒めて、
そこに酢、醤油、砂糖、柚子胡椒を入れてよく混ぜておく。
蒸し上がったナスはラップをはずして粗熱を取る。
いちばん太いところを箸ではさんでみて、やわらかくなっていればよし。
ナスを輪切りにして、ドレッシングをかけたら、冷蔵庫で冷やしておく。

● 材料（2人分）

ナス……３本（長ナスなら２本）
ちりめんじゃこ又はしらす……大さじ２
ゴマ油……適量
酢……大さじ１
醤油……大さじ 1/2
砂糖……少々
柚子胡椒……少々

かきたま汁

鍋に水、塩、醤油、和風だしの素を入れ、
沸かして作った吸い地に、
溶き卵 1 個分を流し入れる。

● 材料〈2人分〉

卵……1個
水……400cc
塩……少々
醤油……適量
和風だしの素……少々

キュウリとキャベツの塩揉み

キャベツと大葉は千切り、
キュウリは薄切りにする。
キャベツとキュウリをボウルに入れ、
塩をかけてざっと混ぜておく。
塩でしんなりしたキュウリとキャベツは
軽く揉んだのち、かたく水気をしぼる。
うまみ調味料を少し足して器に盛り、
上にお好みで白ゴマをふり、
さらに大葉の千切りをのせる。

● 材料〈2人分〉

キュウリ……1本
キャベツ……2枚
大葉……3枚
塩……小さじ1
うまみ調味料……少々
白ゴマ……適宜

究極、キュウリだけでもよい。

シロさんの One Point

千切りポテトのハムチーズパンケーキ

● 材料〈2人分〉

ジャガイモ……２個
ハム……３枚
溶けるチーズ（シュレッドチーズタイプ）……50g
バター……10g
塩……少々
コショウ……少々
黒コショウ……適宜

ジャガイモは千切りにして、水にさらさずに塩、コショウをかけて、混ぜておく。

直径18センチくらいの小さいフライパンにバターを入れて中火にかけたら、半量のジャガイモを入れて、その上にハムを広げてのせ、さらにその上に溶けるチーズをばらばら散らしたら、残りのジャガイモを上にのせる。

中弱火で生地を押しつけながらジャガイモが透き通ってくるまで7～8分焼く。

こんがり焼けたらひっくり返して、裏面も7～8分焼く。

お好みで黒コショウをひいてもおいしい。

バターはサラダ油より焦げやすいので、火は弱めに。ひっくり返す時は、いったんお皿に取るとラクです。

シロさんの
One Point

原作でふり返る料理エピソード

時間に余裕がある時のちょっと素敵な朝ごはんとして、シロさんが作ったのがこちらのメニュー。材料はジャガイモ、ハム、チーズといたって普通なのになんだか贅沢感が漂うメニューに、カフェオレを合わせて。ちなみにジャガイモをスライスするのに使ったスライサーは、このメニューを食べたかったケンジからシロさんへのプレゼントだったよう。（9巻・オマケ）

黒豆

● 材料〈作りやすい分量〉

黒豆……150g
水……1L
砂糖……120g
醤油……大さじ1 1/2
塩……小さじ1

黒豆はよく洗い、いったん水気を切っておく。
鍋に水を入れて、強火にかける。
沸騰したら火を止めて、熱いうちに砂糖、醤油、塩を入れ、さらに黒豆も入れたら、
鍋に蓋をしてそのまま一晩おいて、
黒豆をゆっくりもどしていく。
翌日、鍋をそのまま強火にかけ、
あえて煮立たせてアクをしっかり取り除く。
アクが取れたら100ccくらいの水を差して、
再び煮立たせてアクを取る。
この差し水&アク取りを2回ほど繰り返す。
ここできちんとアクを取りきると、
すっきりとした味の黒豆になる。
アクを取りきったら落とし蓋をし、
さらに上蓋をして、ごく弱火で約8時間煮る。
豆が指でつぶれるくらいやわらかくなったら
火を止めてそのまま冷まして、味を含ませる。

関東風雑煮

小松菜は別鍋で茹でておく。
水を鍋に入れて沸かし、
酒と白だしで味をつける。
食べやすい大きさに切った鶏モモ肉を鍋に入れ、
アクを取る。
鶏肉に火が通り、アクが取りきれたら火を止める。
餅はアルミホイルにのせ、
オーブントースターで焼く。
餅が焼けたら椀に入れ、餅の上に鶏肉、
小松菜、三ツ葉、かまぼこをのせて、だしをかけ、
最後に柚子の皮を飾る。

● 材料〈2人分〉

餅……２個
鶏モモ肉……150ｇ
小松菜……50ｇ
三ツ葉……２本
かまぼこ……２枚(厚さ7㎜幅)
柚子の皮……少々

〈だし〉
水……700cc
酒……少々
白だし……適量

豆が煮汁から出るとしわが寄るので、必要なら途中で差し水をして、煮汁はたっぷりの量を保つように。さび釘などを一緒に入れて煮ると、黒々と仕上がるそう。

シロさんの
One Point

原作でふり返る料理エピソード

クリスマスが終わり、仕事納めも過ぎた年末のある日。夕食後、再びエプロン姿になったシロさんに、ケンジはキョトン。聞けば、ケンジがおせちの中で好きだと言っていた黒豆作りに着手するという。シロさんのこれまでにない言動が気にかかるケンジだったが、シロさんはある決断をしていた。(9巻・＃69)

SINCE 1874
お酒

MALT
CH BEER

肉団子

玉ネギをみじん切りにする。
ボウルに玉ネギ、豚ひき肉、パン粉、卵、塩、
コショウを入れてよくこねる。
タネを丸めて、直径２センチくらいの団子にする。
あらかじめバットに小麦粉を敷いておき、
その中に肉団子を入れ、
バットをゆり動かして小麦粉をまぶしつける。
180℃のサラダ油でキツネ色になるまで肉団子を揚げたら、
揚げ油をオイルポットに全部あけて、同じ鍋に肉団子を戻す。
そこに水、ケチャップ、めんつゆを加えて火にかける。
とろみがついて汁が肉団子によくからんだら出来上がり。

● 材料〈約40個分〉

豚ひき肉……500g
玉ネギ……1個
パン粉……50cc
卵……1個
塩……ほんの少々
コショウ……少々
小麦粉……適量
水……100cc
ケチャップ……50cc
めんつゆ……40cc
サラダ油……適量

熱々より冷まして食べたほうがおいしいおかず。3〜4日は日持ちするので、作り置きに向いている。

シロさんの
One Point

原作でふり返る料理エピソード

シロさんをお花見に誘ったケンジは、あっさりOKされて驚く。そんな平和な日々の中、シロさんは母からガンの精密検査を受けることになったという連絡を受けた。何か聞いておきたいことはないかと母に聞かれ、シロさんは肉団子や梅おかかのおにぎりの作り方を尋ねる。（9巻・＃72）

スパニッシュオムレツ

オリーブオイルたっぷり
なのが、おいしさのモト。

シロさんの
One Point

玉ネギをみじん切りにする。
赤ピーマン、ハムを１センチ角くらいにきざみ、
最後にジャガイモも薄切りにしてから１センチ角に切っていく。
切った全ての材料を直径18センチくらいの
小さいフライパンに入れたら、オリーブオイルを加えて、
かき回さずに弱火でゆっくり加熱する。
その間に、大きめのボウルに卵を溶き、塩、コショウ、
あれば粉チーズを加えてよく混ぜる。
ジャガイモがやわらかくなるくらい火が通ったら、
コンソメ顆粒又は鶏ガラスープの素を入れる。
火の通った具材をボウルに入れて卵液と混ぜたら、
同じフライパンに全てを流し入れて、
蓋をして弱火で６～７分ほど焼く。
片面がこんがり焼けたら、
ヘラをふちから回し入れて、一度、皿にすべらせて移し、
上下をひっくり返してフライパンにもどす。
弱火にかけて３分ほど。両面がこんがり焼けたら完成。

● 材料〈３～４人分〉

卵……４個
玉ネギ……1/2 個
赤ピーマン……1/2 個
ハム……３～４枚
ジャガイモ……１個
オリーブオイル……大さじ５
塩……少々
コショウ……少々
粉チーズ……少々
※なくても OK。お好みで。
コンソメ顆粒
または鶏ガラスープの素……小さじ１

キャラメルりんごのトースト

りんごは皮をむかずに芯を取って、薄いくし形に切っておく。

大きい鍋に砂糖を入れ、中火でキャラメル色になるまで焦がす。水は不要。

かなりこげ茶色に焦げてくるまで辛抱してからりんごを入れて、木べらで返しながらりんごの水分で炒め煮にする。

りんごを入れる際、キャラメルがはねるので気をつけて。

弱火にし、時々蓋を開けてりんごを返しながらじっくり火を入れて、くったりと全体がキャラメル色に煮詰まったら火を止める。

タッパーか瓶に入れて冷蔵庫で保存。

食べる時は、トーストにバターを塗って、レンジで温め直したりんごのキャラメル煮をのっける。

お好みでバニラアイスをのせて、シナモンパウダーをふる。

● 材料〈作りやすい分量〉

りんご……４個
砂糖……150g
トースト……２枚
バター……適量
バニラアイス……適宜
シナモンパウダー……適宜

保存性は落ちるが、りんご4個に対して砂糖は１００gぐらいまで減らせる。砂糖は濃い茶色になるまで焦がした方が、キャラメルの風味がよく出ておいしい。

シロさんの
One Point

原作でふり返る料理エピソード

事務所の大先生からりんごを１ダースほどもらったシロさん。たくさんもらったから、生で食べるだけでなく何個かは加工しようと考え、りんごのキャラメル煮を作ることに。翌朝のトーストにのっけてケンジと2人で食べたほか、大先生にもおすそ分け。大先生はりんごのもらい手が見つかり、大助かり。（4巻・＃30）

黒みつミルクかん

● 材料〈2～3人分〉

牛乳……600cc
粉末かんてん……4g
砂糖……大さじ3
黒糖……80g
水……100cc
はちみつ……大さじ2

黒糖を水と一緒に小鍋に入れて、火にかける。
沸いてきたら弱火にして、
黒糖が溶けたところでとろみづけにはちみつを入れる。
少し煮続けたら、火を止めて、
粗熱が取れたところで瓶に入れて、冷蔵庫へ。
これで自家製黒みつの出来上がり。
次に牛乳と粉末かんてんを鍋に入れて、
よく混ぜながら中弱火にかける。
沸騰してきたら弱火にして、焦げつかせないようさらに混ぜながら
2～3分、かんてんをよく煮溶かして、砂糖を加える。
砂糖が溶けたら火を止めて、
あらかじめ水で濡らしたステンレス容器に流し込む。
粗熱が取れたらラップをして、冷蔵庫で冷やす。
器にざっくり盛ったミルクかんてんに、黒みつをたっぷりかける。

ミルクかんの牛乳は、粉末かんてんに表示してある分量より多めの量で作った方が、口当たりがはかなくなるのでおすすめ。

シロさんの
One Point

原作でふり返る料理エピソード

お盆休みの、よく晴れたある日。シロさんは料理、ケンジは洗濯物や掃除と、それぞれ家事をして過ごす。かつては家事に全く協力的でない恋人と同棲していたこともあるシロさん。当時も作っていた黒みつミルクかんをケンジと仲よく食べながら、今の暮らしについて、感慨にふける。（2巻・＃14）

デミグラスソースのオムライス

● 材料〈1～2人分〉

玉ネギ……1個
鶏モモ肉……1枚
オリーブオイル……適量
ごはん……2膳分
コンソメ顆粒……適量
ケチャップ……たっぷり
塩……適量
コショウ……適量
卵……3個
マヨネーズ……少々
牛乳……少々
バター……2かけ

デミグラスソース……適量

玉ネギは粗くみじん切りにし、鶏モモ肉はこま切れにする。
玉ネギと鶏肉をオリーブオイルで炒めて、
鶏肉に火が通ったらごはんを投入。
コンソメ顆粒、ケチャップ、塩とコショウ少々で味つけ。
できあがったチキンライスの半量を皿に盛る。
ボウルなどに卵を割り入れ、マヨネーズと牛乳、塩、
コショウを加えて混ぜる。
フライパンにバターを入れて卵液を流し入れ、
半熟のところでオムレツをチキンライスにのっける。
作っておいたデミグラスソースをたっぷりかけて完成。
残った半量のチキンライスは、タッパーなどに入れて冷凍保存。

ケンジのデミグラスソース

市販の「ハヤシライス」のルゥを使って、表記通りの材料に、玉ねぎを多め、ニンジンとしめじをお好みで追加して煮たもの。

余ったら冷凍しておけるので便利。

原作でふり返る料理エピソード

大きな仕事が入り忙しくなってしまったシロさんに代わり、夕飯係を引き受けたケンジ。だが一緒に夕飯を食べられない日々が2週間も続き、ケンジの寂しさも鬱積。気晴らしにと自分の好きな物を作る。絶妙なタイミングで一旦帰宅したシロさんと、久しぶりに一緒の夕食で、お互いに元気回復!（7巻・＃56）

Vanquish

キムチチゲ ジルベール風

● 材料〈1人分〉

豚バラ肉（薄切り）……50〜100g
キムチ……150g
あさり（殻付き）……350g
えのき（小袋）……1株
豆腐……1/2丁
卵……1個
長ネギ……1/3本
ニラ……1/2束
おろしニンニク……適量
おろしショウガ……適量
一味唐辛子……適量
醤油……適量
酒……適量
ゴマ油……適量
水……400cc
和風だしの素……少々
味噌……大さじ1
コチュジャン……大さじ1
キムチの漬け汁……大さじ1

豚バラ肉を3〜4センチ幅に切る。

鍋に豚肉を入れて、おろしニンニク、おろしショウガ、一味唐辛子、醤油、酒、ゴマ油を揉み込んで、鍋をそのまま火にかけて肉を炒める。

肉に火が通ったら、次にキムチを入れて炒める。

鍋に水と和風だしの素を加え、味噌、コチュジャン、キムチの漬け汁でスープを味つけする。

スープが沸騰してきたら、あさりを入れる。

ほぐしたえのきと豆腐を入れ、あさりの口が開いてきたら、卵を落とす。

最後に斜め切りにした長ネギと長さ3〜4センチに切ったニラを入れ、軽く火を通したら出来上がり。

原作でふり返る料理エピソード

その日は朝にクロワッサンを1個食べただけで、あとはカフェオレしか飲んでいなかったジルベール。スポーツジムに行った後、空腹を覚えて何かガッツリしたものを食べたくなった彼は、ちょうどスーパーの前を通りかかったこともあり、買い出しをして久しぶりに自分で料理しようと思い立つ。（7巻・＃54）

コチュジャンがなければ、一味唐辛子、砂糖、味噌多めでも対応できます。このキムチチゲに必須の材料は、キムチ、あさり、豚肉。その他の材料はお好みで。

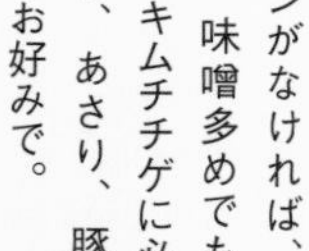

航の
One Point

DRAMA STAFF

原作：よしながふみ『きのう何食べた？』（講談社「モーニング」連載中）
監督：中江和仁
脚本：安達奈緒子
主題歌：スピッツ「大好物」（ユニバーサルJ／ユニバーサル ミュージック）
チーフプロデューサー：阿部真士（テレビ東京）
プロデューサー：佐藤 敦　瀬戸麻理子
製作：劇場版「きのう何食べた？」製作委員会
配給：東宝

BOOK STAFF

構成／石井美由紀
取材・文／木下千寿
編集協力／澤出季代子
デザイン／門田耕侍
〈料理レシピ〉
監修・コーディネート／山﨑慎也（石森スタジオ）
写真／奇 世濬（石森スタジオ）
〈ドラマ・映画スチール〉
撮影／蒔苗 仁
制作協力／よしながふみ
モーニング編集部

公式《こうしき》ガイド&レシピ
きのう何食《なにた》べた?
～シロさんの簡単《かんたん》レシピ 2 ～

2021年10月11日　第1刷発行
2023年12月18日　第9刷発行

講談社《こうだんしゃ》・編

発行者　森田浩章
発行所　株式会社講談社
〒112-8001
東京都文京区音羽2-12-21
電話　編集 03-5395-3474
販売 03-5395-3608
業務 03-5395-3603（落丁本・乱丁本はこちらへ）

印刷・製本所　大日本印刷株式会社

Printed in Japan　ISBN 978-4-06-524980-2　N.D.C.778　95p 26cm